The Trust Journal

Certificate of Trust

This journal allows us to have the freedom
to completely be ourselves and share whatever
we are feeling at the moment. We promise not to
judge each other's thoughts, worries or dreams.
We promise to be completely honest and to give each
other the best advice we are capable of. Together we
must trust that everything happens for a reason,
even if we don't see it at the time.

By signing this certificate, we promise
to keep the writings in this journal private.
Trust is the key to a strong relationship.
We understand how important it is not to break that
trust. After all, this is The Trust Journal!

What happens in this journal, stays in this journal!

Me   You

me

you

me

you

me

you

me

you

me

you

me

you

me

you

me

you

me

you

me

you

me

you

me

you

me

you

me

you

me

you

me

you

me

you

me

you

me _____

you

me

you

me

you

me

you

me _____

you

me

you

me _____

_____
_____
_____
_____
_____
_____
_____
_____
_____
_____
_____
_____
_____
_____
_____
_____
_____
_____
_____
_____
_____
_____
_____
_____
_____ you

me

you

me

you

me

you

me

you

me

you

me

you

me

you

me

you

me

you

me

you

me

you

me

you

me

you

me

you

me

you

me _____

_____
_____
_____
_____
_____
_____
_____
_____
_____
_____
_____
_____
_____
_____
_____
_____
_____
_____
_____
_____
_____
_____
_____
_____ you

me

you

me

you

me

you

me

you

me

you

me _____

_____

_____

_____

_____

_____

_____

_____

_____

_____

_____

_____

_____

_____

_____

_____

_____

_____

_____

_____

_____

_____

_____

_____ you

me

you

me

you

me

you

me _____

_____

_____

_____

_____

_____

_____

_____

_____

_____

_____

_____

_____

_____

_____

_____

_____

_____

_____

_____

_____

_____

_____

_____ you

me

you

me

you

me

you

me

you

me

you

me

you

me

you

me

me

you

me

you

me

you

me

you

me

you

me _____

_____

_____

_____

_____

_____

_____

_____

_____

_____

_____

_____

_____

_____

_____

_____

_____

_____

_____

_____

_____

_____

_____

_____

_____ you

me

you

me

you

me

you

me

you

me

you

me

you

me

you

me

you

me

you

me

you

me

you

me

you

me

you

me

you

me

you

me
_____

you

me

you

me

you

me

you

me

you

me

you

me

you

me

you

me

you

me

you

me

you

me

you

me

you

me

you

me

you

me

you

me

you

me

you

me

you

me

you

me
you

me

you

me

you

me

you

me

you

me

you

me

you

me

you

me
_____
_____
_____
_____
_____
_____
_____
_____
_____
_____
_____
_____
_____
_____
_____
_____
_____
_____
_____
_____
_____
_____
_____
_____
_____
_____
_____
_____
                                you

me

you

me

you

me

you

me

you

me

you

me

you

me

you